Dahi Tamara Koch

# Im Ereignishorizont

*Gedichte & Kurzprosa*

Bibliografische Information der Deutschen Nationalbibliothek: Die Deutsche Nationalbibliothek verzeichnet diese Publikation in der Deutschen Nationalbibliografie; detaillierte bibliografische Daten sind im Internet über dnb.dnb.de abrufbar.

© 2019 Dahi Tamara Koch
Covergestaltung: Dahi Tamara Koch
Lektorat: Sarah Heckhoff, Alice Bernard
Herstellung und Verlag: BoD – Books on Demand, Norderstedt

ISBN: 9783749477975

# Saturn

*warum sollte ich an Märchen glauben*

*wenn ich aus ihnen erwachsen bin*

Die Ländereien
sind weit,
aber der Horizont ist nah.

Fern ist die Erde,
nah der Himmel.

In keinem Feld
und keiner Blume
finde ich den Morgen,

in keinem Wasser
die Lösung,
die ich trinken will.

Ich bin voller Wörter, die ich nicht greifen kann.
Meine Federkinder schweigen.

Seit ich dich kenne, befinde ich mich im Unruhestand.

bewusst
verlas ich mich
in dir

aufgeschlagen
wie ein Buch

in weißen Seiten
entblättert sich
die Unschuld

doch du bist und bleibst
ein Buch mit sieben Siegeln

unbewusst
meine Seiten
zerreißend

Dezembermädchen

die vom Sommer träumen


nun Traum, vergessen

im Nachtwandlerschlaf

mein gesetztes Gefühl

zerstückt, zerpflückt


und Unschuld versank

im Lebenskuss

verborgen


Augen wie Märchen

an die man nicht glaubt

immer wenn du gehst

weint der Himmel die Tränen

die ich nicht weinen kann


für einen Moment stand ich still

in deinen Armen

doch ich lief längst weiter


für einen Moment hast du dich anders

in meinen Blick gestohlen

als du solltest


der Platz an meiner Seite ist besetzt –

ich gehöre zu ihm wie er zu mir


zwischen uns ist kein Raum

für einen zweiten Blick

gewärtige nicht dass das was du einst liebtest bei dir bleibt

wenn dir die Sorge darüber abhanden kam

stumme Lügen transformieren sich in geflüsterte Wahrheit

wie mein Leid

wie eine blaugefärbte Symphonie

mein Herz findet immer noch Worte für dein Echo

so präsent in diesem, meinem Körper

verberge, verschleiere deine Seele nicht

dieses, mein Herz,

kennt keinen Vergleich

gegenseitige Gleichgültigkeit

„Alles ist gut", sagst du.

Doch ich glaube es nicht.

Was nicht geglaubt wird,

ist nicht Wissen,

ist nicht Wahrheit.


Du erbaust mich,

sodass ich dich erbaue,

um ein Turm zu sein, der nicht einstürzt.

Fels in der Brandung wolltest du für mich sein,

doch du bist es, der mich stürzt.


Ich bin eine Mutter

die Steine gebärt.


„Wir sind glücklich", sagst du deinen Freunden,

doch es ist eine Lüge,

wenn da einer ist, der das Glück nicht fühlt.


du schweigst so schön

Wir begegneten uns
in einer Nacht ohne Morgen –
in unseren Herzen
hallte die Stille.


Ich fühle mich leergefühlt und zuendegeliebt.
Es ist nun an dir, mir etwas zu zeigen –
wenn du mir etwas zeigen willst.


Ist es Liebe, ist sie nicht dazu bestimmt,
zu schweigen.


Stund' um Stund' um Stunde
denke ich an dich
und ich frage, frage mich:
denkst du auch an mich?

Wir sammelten die Katzen am Flussufer
und tanzten durch den Supermarkt.
Wir zählten die Lichter in der Ferne
und schrieben unsere Melodien in den Wind.

Schokoladenträume waren dein Geschenk
für alle meine Erdbeerküsse.

Tage voller Wärme – egal wie kalt es war.

[...] Ich vermisse uns.

Wie soll ich es fühlen, wenn ich es nicht weiß?
Wie soll ich es wissen, wenn ich es nicht fühle?
Wie soll ich uns spüren, wenn der Zweifel schon leise in mir
flüstert?
Wie soll ich uns im Jetzt denken, wenn ich mich im
Vergangenen zerdenke?
Wie soll ich mit dir reden, wenn du mit mir nicht reden
kannst?

Nostalgie kleidet das Vergangene immer
in ein schöneres Kleid
als das, welches die Gegenwart trägt.

wir können nur im Jetzt leben
denn das Vergangene ist vergangen

wir können nicht die Zeit die nicht mehr ist
mit Leben füllen

wir sind keine Zeitreisenden

Unsere Unendlichkeiten waren zu verschieden.

## Farbenspiel

Der Anfang von uns.
Ich sehe dein Herzblut im neuen Tag vibrieren.

Eine Brise im August.
Meeresrauschen.
Wenn man die Einsamkeit spürt.

Füße streichen über Gras.
Ich wandere durch den Wald, atme die Zedern, bin in mir,
bei mir.

Die letzten Stunden des Tages malen die Farben der Könige
an jede Wand.
Jede Baumspitze wird zum Abendjuwel.

Nacht.
Tiefe Schatten in mir und meiner Seele.
Das kleine Schwarze hängt ungebraucht in meinem Schrank.

Wo bist du?
Lass uns zum Farbenspiel tanzen.
Ich kann es nicht ohne ein Du.

ich schlafe, wenn ich wache
und wache, wenn ich schlafe
in mir ist nie endende Nacht –
mein Lied verklingt
auf meinen stummen Lippen

leg doch dein Lächeln auf meinen Mund
der von dir träumt
küss mich wach
brich meine Dämmerung auf

schenke mir den Morgen
den ich nicht kommen seh'
denn in mir ist es dunkel

Im Kopf umhergehen ist gut,
aber passe immer auf,
dass du dich nicht verläufst.

Die meiste Liebe geht verloren in dem
was im Verborgenen bleibt.




"Wenn ich an unsere erste Begegnung zurückdenke, erscheint
sie mir wie ein Traum", sagtest du, Tage nachdem wir uns
das erste Mal sahen.
Damit hast du bereits ausgesprochen,
was sich Monate später bewahrheiten sollte.
Es war ein Traum.
[...]
"Du hast damals bereits unser Präteritum besiegelt", sagte
ich.
"Warum sagst du das", fragtest du mich.
"Weil wir nie die Chance hatten, in der Gegenwart zu leben."




sie verschleiert ihr Axiom
im Labyrinth ihres Herzens

Liedern lauschen
die Erinnerungen wecken
an Kindheitstage
die nie gewesen sind




Einen Menschen ändern zu wollen,
der sich nicht selbst ändern will,
das ist wie Schönheitschirurgie
am krebskranken Menschen.




die Blinden denken
sie sähen das meiste

Sommergewitter –
der Dichter lässt die Seelenhüllen fallen
wie Regen


Das letzte Wort von dir gesprochen
hing über mir als Damoklesschwert
vom Anbeginn

weiter weinen werde ich
um Gedanken und um dich
umherirrend in allen meinen Räumen

dein Nichtmehrvorhandensein ist allgegenwärtig
und die Stille furchterregender
als ein Klang es je war

zu wahr erscheint die Wahrheit
dass keine Wunder geschehen
und nichts mehr wiederkehrt

wenn es in mir kalt ist – sag mir

wer hält mich dann warm


und so stahl ich mich unter die Weide

da kamen die Zweige und schmiegten sich an

meine Arme und meine Wange

nah an mein Herz ... dort war dein Platz


und mir war, als würden sie wispern:

Baummädchen, brachte dein Weg dich zurück


oder war es der Geist, dein Geist, der aus ihnen sprach

mich an die Liebe erinnernd

geschworen, vergangen in jenen Lenzen


ich vergaß sie nie ...

flüsterte ich

Liebe besteht nicht nur aus Büchern, Filmen und Musik.
Und aus derselben Vergangenheit.
Sie besteht durch die Gegenwart und die Zukunft.
Sie besteht durch die Einsicht, dass man miteinander
wachsen will. Dass man einander nicht nur an-, sondern
auch in dieselbe Richtung sieht.

Wir sahen in verschiedene Richtungen und es lohnt nicht,
daran festzuhalten.
Damit wäre Zeit vertan, verschenkt und wir leben nur
einmal und sind in der Pflicht, die Zeit so zu füllen, wie wir
sie uns wirklich, im Grunde unseres Herzens, tief
empfunden und aufrichtig gewollt, wünschen.

Mein Liebling, manchmal ist Liebe allein nicht genug.
Und unsere haben wir verloren, in der Zeit, in der wir beide
weitergegangen sind, ohne einander anzusehen.

Du wirst immer ein Teil von mir sein und ich ein Teil von
dir, denn du warst eine gute Phase, aber doch nicht mehr als
diese.

unter mondbeleuchteten Himmeln werden wir tanzen

und von vergangenen Zeiten singen

wart auf mich dort wo die Himmel die Meere berühren

in der Anderswelt in der unsere alten Geister

sich wieder begegnen als wäre es das erste Mal

dort wo unsere Phantasien durch die Lüfte wehen

und Magie nicht nur in Märchen wohnt

ich sehe die Reflexion der Unendlichkeit

an meinem Zimmer vorbeiziehen

und die Vielzahl der Gestalten

die wie Schatten über die Wasser wandeln

ohne Gesicht

## Zerdenken

Ich muss schreiben.

Ich muss mich schreiben und be-schreiben in allem

Verborgenen, das in mir wohnt.

Das Herz ist der Ort, den ich bereisen muss, in allem

Unausgesprochenen, um die Sprache wieder zu finden,

die mir abhanden kam.

Ich habe mich leergefühlt und ausgehofft in Träumen,

die nie mir gehörten.

Wie kann ich nun also bei mir sein?

Mein Herz wand sich aus meinem Körper und liegt in

Teilen zersplittert allerorts dort, wo ich nie war, nicht bin

und sein werde, während mein Kopf das einzige ist, das

bleibt und sich in dem, das nie war, nicht ist, nicht sein

kann, zerdenkt.

sein Name schrieb sich nun so trocken

wie es das Ende war

ich liebte so viel

so oft, so sehr

vielleicht fühle ich mich deswegen

so zerstreut


schwimmend in den Tiefen

Seelen

verirrt und entwirrt

im Ereignishorizont


alle Tage

das Immerwiedersehen

# Venus

*Du bist die Summe deines Liebens.*

Ich schwamm im offenen Meer
und ein gesichtsloser Mann zählte die Zeit,
die nicht mehr die meine ist.

Geht es dir auch so?
Träumst du von Zeit,
die einen anderen Namen trägt?

Mein Bild malst du und ich deinen Namen –
und in mir leuchtet es rot.

Ich will einen Mann der mir etwas bieten kann:

- festen Stand in seinem Herzen
- Ehre und Respekt für sein und mein Selbst und uns.

Dass ich vollkommen werde:
die Frau, zu meinem Bild geschaffen.

Dass wir vollkommen werden:
in symbiotischem Bekunden
des Gelübdes
der Treue
des Glaubens –
an ewig neues, junges Glück.

als sie ihn das erste Mal sah

schlug ihr das Herz

bis zu den Augenbrauen


alle Gedanken, die ich dir nicht zukommen lasse

welche mein Herz mir in diesen Stunden zuspielt

vibrieren in allen meinen Räumen

mit endlosem Hall


es raubt mir meine Sprache, meinen Verstand

das Verklingen aller Worte

dein Herz

und jeder Moment der mich sprachlos macht


seine gleißende Schönheit

stiehlt mein Augenlicht

## Wie ist das eigentlich, wenn wir uns verlieben?

Wie fühlt es sich an? Es ist dieses besondere Kribbeln, das du spürst, irgendwo in den letzten Winkeln deines Bauches. Das Gefühl, dass du Schmetterlinge in dir tanzen lässt. Das Gefühl, dass du nicht mehr schlafen willst, weil die Realität sich schöner anfühlt als jeder Traum. Das Gefühl, dass alle Farben um dich herum noch ein bisschen mehr strahlen und dass du mit diesen Farben um dich herum um die Wette strahlen magst. Das Gefühl, dass auch alle anderen Menschen um dich herum dieses Strahlen in sich aufnehmen und es wieder an dich zurückgeben und dass alles hell erleuchtet ist und alles gut ist und gut bleiben wird.

Das Gefühl, dass dein eigenes Glück ganz unmittelbar mit diesem anderen Menschen verknüpft ist, der ganz plötzlich seinen Weg in dein Leben gefunden hat. Das Gefühl, das du in dir spürst, wenn dieser andere Mensch dich ansieht, auf diese Art und Weise, wie er niemanden sonst ansieht. Das Gefühl, dass du diesen anderen Menschen seit langer, langer Zeit bereit kennst. Das Gefühl, dass du auf diesen anderen Menschen dein ganzes Leben lang gewartet hast. Das Gefühl, dass du den Rest deiner Tage mit diesem anderen Menschen verbringen magst. Das Gefühl, dass du nicht mehr nur du bist und er nicht nur er, sondern dass das, was sich nun verändert hat, einen Namen trägt: wir. Wir zusammen.

"Du bist von selbstverständlicher Schönheit",
sagte er
und ihr Herz stand still

das Azur seiner Augen leuchtete

als hätte er es dem Meer gestohlen

du siehst aus wie ein Gemälde

und an deinem linken Arm

trägst du Zeitlosigkeit

keine Hyperbel würde dir gerecht

## Von Quantenschaum und Muscheltesserakten

D: „Wir hatten im alten Haus eine Muschel aus Portugal. Die war riesengroß und wenn man sein Ohr daran hielt, dann hat man das Meer gehört. Diese Muschel habe ich sehr geliebt. Sie steht nun glaube ich bei meinem Paps zuhause."

T: „Die Muscheln mit dem Meeresrauschen, die liebe ich auch von Klein auf! Ich habe als Kind immer geglaubt, dass dort das Meer molekular eingespeichert wird, oder dass die Schallwellen sich in ihnen unendlich reflektieren."

D: „So etwas ähnliches dachte ich mir auch. Dass das Meer in ihnen gespeichert ist oder dass die Idee vom Meer in ihnen wohnt. Und wenn du sagst, dass molekulare Teilchen in ihnen seien, dann sind es vielleicht Muscheltesserakte."

T: „Das ist der Quantenschaum. Der speichert darin die Ebenen. Wie du weißt, sind immer zwei Quanten miteinander verbunden, egal wie groß die Entfernung ist. Wenn du die eine berührst, berührst du gleichzeitig die andere, egal ob sie in der Nähe ist oder nicht. Und so ist es auch mit den Quanten in der Muschel. Und so ist es auch mit den Quanten zwischen uns."

wachend träumend Wunder blickend

immerzu auf Wolken geh'n

sinnlos sinnend hingerissen

deine Zauberaugen sehen


Seit ich dich kenne, höre ich Puccini in meinem Innern.


Das Papier, auf das ich schreibe

ist geduldiger als ich es je sein werde

und nie wert der Gedanken

die ich darauf regnen lasse.


Sie sind zu kostbar –

so wie du für mich.

er nannte mich seinen Engel
und ich wusste lange nicht
ob ich einer bin

du rührst mich an in süßester Stunde
deine Augen wie weit entfernte Länder
tragen mich an den Rand meiner Welt

über dem Geschehen liegend
der Duft der Möglichkeit

tausend Meere durchzog ich

ohne einen Seelenfund

so strahlend-golden wie der deine


tausend Welten würden

von unserem Licht durchströmt


vor Äonen wandelte ich

über Erde, unbegrünt

in Welten, unentdeckt

entdeckte ich dein Wunder

Er sagte, er wolle nicht nach Paris:
"Dort wohnt die Idee der Liebe."

Ein Wispern nur waren ihre Worte –
ein Erröten:

"Dann pflücke die vom Baum,
die der Idee Raum schenken mag und
nimm sie mit ..."

Und mit Worten malst du Bildgewalten in meinen Kopf.

du in der Zukunft

ich in der Vergangenheit

wir am selben Ort


Liebreiz und Wahnsinn in den du dich verliebst

für den du einen zweiten Blick riskierst

und es nicht bereust


in Zeitlupe sehe ich meine Ankunft

in deinen Armen


wir entwenden dem Moment

eine Ahnung von Ewigkeit

im Innersten meiner scharlachroten Träume

entflammen die Berge

und ein Geräusch wie Sturm zog über uns

und ich sehnte das Morgenfrüh herbei

und deinen frischen Tau auf meinen Blüten

über diesen Honiglippen

seh ich zwei tiefblaue Seen –

möchte fühlen wie sie in die

Tiefen meiner Seele geh'n

zu glorreichen Höhen

zieht es mich


zerfließend in deiner

geographischen Symphonie

und der Epiphanie meiner Physis


Der Wahnsinn schweigt nicht mehr in mir.

Du hast ein Vakuum in mir erzeugt

das nur noch du füllen kannst.


Der Nachhall von dir in mir ist von explosiver Intensität.

Himmel und Erde umfassend

umschlingend

streifend durch Täler

und hügeliges Land


lass uns forschen

nirgends Winkel unentdeckt

ewig unverwundbar


verwundert staunend

über den Wundern

die wir sind


Meeresaugen und Rotweinlippen

lassen sie ertrinken

dann zaubert er mit seinen Händen
Bilder mir auf meine Haut
die ich mit meinem ganzen Wesen
fühle bis der Morgen graut

ich hüte die Erinnerungen
auf meiner Haut wie Trophäen

deine Küsse sind Schätze
alle Welt soll sie seh'n

Der Mond sitzt sichelförmig am Himmel.
Unter ihm träumen die Schleierwolken
den letzten Traum des Sonnenuntergangs
als der Himmel und ich in Flammen standen.

Jenseits aller Worte wandle ich
dämmernd und wach, hell und dunkel.

Diesseits sehnt sich mein Ganzes
nach Schönheit, Wahrheit und dir.

wir sind diejenigen
die auf Wolken gehen

ich such' das Wort das in mir schwebt
und scheue Träume in mir webt –
Gedanke, der verborgen lebt:

wie du in meinen Seelen liest
dich dennoch in mein Leben gießt
und uns in uns'rer Gänze siehst

triff mich
in deinen Träumen
Liebster
dort wo die Nacht endet
und der Tag beginnt

**Die Dinge haben immer genau so viel Bedeutung, wie
wir ihnen beimessen**

Der Anfang.

Eine rote Parkbank am Meer.

Blau.

Blumen.

Ein Paravent.

Papierene Träume.

Ich allein.

Der Tempel.

Süßes Leben.

Er.

Rubinrot.

Sternenschaum.

Blüten auf dem Grund.

Ringe.

Zusammen sein.

Sonnenlicht.

Ich sehe ein Bild von uns, aber es ist nur ein Schatten.

Warmes, kaltes Herz.

Schnee.

Eiseskälte.

Kältetod.

Blätter verwehen im Wind.

Tristesse.

Erlogene Ewigkeit.

Schwarz.

Ich ersticke.

Mohnblumen, komplementär.

Ein Flug.

Blick auf die Lichter, blick auf das Leben.

Fußspuren im Sand.

Eine einzelne, weiße Taube.

Ich, aus dem Fenster blickend, in einem Hotelzimmer in Paris.

Ein Selbstporträt:

Volle Lippen, lichtes Kleid, dunkles Gemüt.

Hoffnung.

7 Vögel schweben im Wind.

Ein vom Winde verwehtes Kleid.

Hände, die ineinander greifen.

Freiheit.

Zeit.

Du.

Liebe erfordert Mut.

Ich bin eine Räubertochter –
du bist der furchtlose Prinz.
Du musst mein Herz nicht stehlen,
da du es von selbst gewinnst.

## Wie ein aufgeschlagenes Buch

Ich habe so eine Sehnsucht danach, dir mein ganzes Leben erzählen zu wollen.
Ich will es ausbreiten vor dir, wie ein aufgeschlagenes Buch, sodass du darin lesen kannst. Alles das, was du willst.

Ich möchte verstehbar sein und ... dass du mich verstehen kannst.
Ich möchte begreifbar sein wie eine mathematische Formel, die du lösen kannst, auch wenn ich mich selbst nicht lösen kann.

Ich habe so eine Sehnsucht danach, dass du mich lösen kannst. Dass du in mir liest, wie in einem aufgeschlagenen Buch.
Alles das, was du willst.

[...]

Ich habe so eine Sehnsucht danach, dass du mir dein ganzes Leben erzählst.
Ich will, dass du es ausbreitest vor mir, wie ein aufgeschlagenes Buch, sodass ich darin lesen kann.

Alles das, was ich will.

Ich möchte dich verstehbar machen und ... dass ich dich verstehen kann.

Ich möchte dich begreifbar machen wie eine mathematische Formel die ich lösen kann, auch wenn du dich selbst nicht lösen kannst.

Ich habe so eine Sehnsucht danach, dass wir lösbar sind.

Dass wir ineinander lesen, wie in einem aufgeschlagenen Buch.

Alles das, was wir jemals wollten.

ich erwachte

im Immerschon meiner Träume von dir:

Tage der Süße –

Nacht der Musik

uns sei das Jetzt

und das Morgen

Zeit ist das Kostbarste, das ich dir schenken kann.

Denn Du und Ich, wir sind geprägt von unserer Endlichkeit.

Doch auch jede Endlichkeit kann ins Unendliche wachsen.

zwar gehört mir nicht seine Vergangenheit

aber dafür gehört ihm meine Zukunft


Ich wurde für dich geschaffen

und du für mich.

Du bist eine Erweiterung meiner Selbst

und mir deshalb nicht fremd – du warst es nie.


Wie hätte ich dich nicht von Anfang an lieben können?


Du bist die Vervollständigung

meiner Vollständigkeit.


die größte Liebesgeschichte

schrieben wir selbst

in goldenes Garn gehüllt
erblickte sie sein Innerstes
myriadenfacher Vogelflug
flüsterte ihnen Geheimnisse zu
im Dämmerlicht


Ein Vogel singt sein stummes Lied
in ihres Herzens Mitte
das diese eine Wahrheit spricht –
nur diese fromme Bitte:

"Lebt Leben nicht durch Hoffnung? Komm
und bleibe hier bei mir –
wenn jemandem mein Herz gehört
gehört es einzig dir."

Ein einziger Blick aus deinen Augen
erklärt mir die ganze Welt.


mit dir fühle ich mich wirklicher


immer wenn meine Gedanken
auf deine Wanderschaft gehen
werden Sterne in mir geboren

du blickst in meine Seele
siehst deinen Traum in meinem
durch alle Tage, immerschon
trägst du mein Herz in deinem


all meine Mondhimmel
und all mein Abendrot
gehören dir


küss mich unter mondbeleuchteten Himmeln
dort will ich mit dir tanzen
vom Anfang bis zum Ende

die Glut, der Nebel, die Farben,
die Worte und Erinnerungen –
nichts kann ich fühlen ohne dich

wenn ich ein Traum bin
dann bin ich gern deiner


auf ewig Schönster seist du mir
noch holder als des Mondes Zier
das Lodern in der ew'gen Nacht
die Flamme die mein Lied entfacht


je mehr Monate ich dich nun gänzlich bei mir weiß
desto ferner erscheint mir all die Zeit
in der ich dich noch nicht gänzlich bei mir wusste

und wenn die Schattenwesen
mich einholen wollen
dann bist du mein Leichtsinn


meine Schwerelosigkeit
in all der Schwere –
in mir und um mich

Bin ich doch immer gerannt,
so wollten meine Füße nie wie mein Herz.


Ich hörte deine Gedanken in mir schwimmen
und jeder Atemzug brachte die Liebe zu mir
und dein Herz jede neue Sekunde.


Ich bin der Sand unter deinen Füßen
und du trägst mich fort
in Papierenem, in Blumen und träumenden Fingern.


und wenn ich dann doch wieder
mit mir selbst alleine wär'
wär' ich doch nicht einsam
doch reich beschenkt
mit Gedanken an dich

Wenn die Zeit im Wind verweht, dann will ich, dass sie mich zu dir hin trägt.

mit meiner ganzen Seele lieb ich dich
trunken, wachsam, hell und dunkel

Ich lehnte an seiner Schulter
und über mir sah ich die bernsteinfarbenen Blätter
vor dem strahlend blauen Himmel vorbeiziehen
am Tag, als aller Druck von mir wich.
Die Sonne war viel zu warm
für einen Tag Mitte Oktober.
Und auch die Sinne waren warm.


In deinen Schatten wohnt mein Licht –
verborgen schreibe ich dich in jede Stelle
meines Jetzt das keiner je fand.


Es malt sich dein Phantom in jede meiner Zungen
die einzig deine Sprache sprechen.

Kompromisslosigkeit und Hingabe –
das sollte die Quintessenz sein.
Dass man alles gibt und nichts erwartet
und so reich beschenkt wird
wie man es sich nie erträumen ließ
weil es auf Gegenseitigkeit beruht.

Und zärtlich schreibst du dich in meine Seele
und machst sie zum Papier
das nie vergisst.

In den kleinsten Gesten spiegelt sich das größte Gefühl.

## Momente

Und auch noch nach all diesen Tagen finde ich den Sand in meinen Schuhen und auf dem Fußboden und möchte jedes einzelne Korn mit meinen Händen auflesen und spüren, da sie alle die Erinnerung an dich zurückbringen.

Und auch noch nach all diesen Tagen ist dieses Gefühl so präsent wie in den Momenten, als sich deine Berührung auf meine Haut prägte.

Und auch noch nach all diesen Tagen denke ich an die Küsse, die du von mir gestohlen hast, als ich in deinen Armen lag und wir beide in diesen Nachthimmel schauten, der nie ganz dunkel werden wollte und immer mit einem zarten violetten Schimmer am Horizont erstrahlte und als sich die Schiffe zu unwirklichen Lichtpunkten in der Ferne transformierten, wie Sterne die vom Himmel gefallen waren und als ich merkte, dass dieser Moment nur uns gehört und dass ich nur noch dir gehören mag.

Jeder Morgen ist ein Anfang,
jeder Abend ein Abschied.
Die ewige Wiederkehr lässt mich neu beginnen –
jedes Lächeln, jede Träne bewahre ich in Gedanken.
Ich lasse nichts gehen, nichts sterben.


Ich werde nie vergessen ...


Meine Bekenntnisse waren schon immer
die Worte der Falschheit –
ein Haus auf Sand gebaut.


[...] ich pflanzte eine Blume in deinem Garten.
Wir bewahren eine Ewigkeit,
die in keiner Wahrheit ruht.


Du bist mein Firmament und du erdest mich.
In deinem Schatten kann ich gedeihen –
es spendet mir das einzige Licht,
das mich am Leben lässt.


... ich sehe dich kommen und gehen –
doch in meinem Herzen ruht deine Wiederkehr.

und immer wieder kehre ich zurück
zur Magie des ersten Augenblicks
als meine Augen deine erblickten


in der erwachenden Landschaft
dem erwachsenden Morgen
schwebt sie durch Rosenhimmel
wandelt im schlaftrunkenen Grün


den Samen unserer Liebe werd ich in einem Garten pflanzen
Küsse sollen darauf regnen und helles Sonnenlicht
auf ewig soll er wachsen

## Ein ewiger Garten

Ich schenke dir Vergissmeinnicht und den Lavendel aus meinem Garten, all die Kostproben der Bienen, die auf ihnen Trampolin springen. Auch die rosafarbenen, groß- und dichtblättrigen Blumen, deren Name mir entfallen ist oder noch nie zugefallen war.

Den Magnolienbaum, der duftend den frühen Frühling eingeläutet hat und an welchem wir vorbeigingen - Hand in Hand.

Alle Rosenwandelgänge, in denen ich noch nicht mit dir gewandelt bin.

Und die Glyzinien, die wie Regen von den sommerlichen Häuserwänden tropften.

All das bunte Laub, das die Bäume ablegen, wenn die Tage kühler werden.

Alle Dahlien, die wir pflanzen, wenn mein Haus dein Haus sein wird.

Einen Strauß aus Grün und Bunt, der dir sagen soll, was ich nicht sagen kann.

wäre die Liebe ein Baum
dann pflanzte ich dir Wälder


Nein, wie der Regen wird er niemals sein –
nie wolkenverhangenes Grau.

Sein Himmel war voll endloser Sonnen
erleuchtet, süßgolden und blau.

Er ist so schön wie ein ewiger Sommer
dessen Ende nimmer kommt.

Im Herzen, da ruhte die Wahrheit schon lang:
sie waren zum Wir geformt.

## Im unbekannten Land

im unbekannten Land, so unbeschwert und unerkannt
dort bauten wir die neue Welt
mit deinen, meinen Händen


nur unsere Wirklichkeit lebt und wächst in mir
nichts stirbt, vergeht, bleibt unvergessen
Momente nur von dir erfüllt


wir vergessen uns in dem was ist
was war ist nicht und was es sein wird
denn nichts ist wichtig oder wahrhaft von Bedeutung
wenn ich mich ganz in deine Hände gebe


nie mehr vergehend
in einer verschollen geglaubten Wirklichkeit
des Selbst, mit diesem Lächeln
das sich schmeichelnd
auf diese Lippen malt

du bist das Licht in meinen Schatten
du trägst mich durch die Dunkelheit
du nimmst den Schatten meiner Tage
und hüllst mein Sein in Licht




die Tage der Trauer sind vorbei
nun lass mich dein Glück sein

eine Beziehung bedeutet nicht
"frei sein wie zuvor"
es bedeutet sich geben und
Teil eines Ganzen werden

es bedeutet Erleben:
das Selbst im Anderen erkennen

es bedeutet Vervollkommnung:
eine andere, vollkommenere Art
der Freiheit spüren

ich fühle deine Gedanken
als wären es meine


und egal wie oft ich mich
in anderen vergaß
ich finde mich immer in dir


keine Legionen können mich erobern
denn er herrscht über mein Herzensreich

## Ankunft

"Deine Stimme lässt mich zur Ruhe kommen", sagte er schläfrig.

Er lag neben ihr, im Bett, eingerollt in ihren Armen. Sie spürte seinen Atem auf ihrer Brust.

Sie fuhr mit ihren Fingern durch sein dichtes, welliges Haar und lächelte.

"Das ist aber schon echt kitschig, weißt du das?"

"Mmh", brummte er zur Antwort, schon im Begriff einzuschlafen.

Haut schmiegte sich an Haut und nirgendwo wollte sie lieber sein als hier.

Fühlte es sich so an, das Angekommensein?

Du bist die Ankunft und die Reise.

Immer neu und ewig vertraut.



deine Arme sind meine Heimat

## Gemeinsam wird alles noch schöner

Ich trete hinaus auf den Balkon. Das zweite Glas vom französischen Weißwein, den ich im klitzekleinen Bahnhof mit den zwei Gleisen gekauft habe, fühlt sich warm an in meinem Bauch. Der zehnzackige Stern von der Pension gegenüber leuchtet nun in der anbrechenden Dämmerung. Es ist neun Uhr. Der Kuchen kam gut an, sagtest du. Danke, sagtest du mir. Für die Idee und fürs Umsetzen. Dabei haben wir ihn doch zusammen gemacht. Wegen solch kleiner, liebevoller Gesten der Wertschätzung liebe ich dich noch mehr, als ich ohnehin schon tue. Und ich vermisse dich. All diese Schönheit um mich herum - die satten, grünen Wiesen, die massiven Felswände, das üppige Grün in allen Schattierungen und die Fachwerkhäuser - die ist nur halb so schön ohne dich. Und das Bett zu weich und das Kissen zu bequem, um alleine darin zu schlafen.

"Ein Puppenbettchen", würdest du wieder sagen. Gemacht für eine Person. Und doch wünsche ich dich her. Du würdest hineinpassen. So, wie du vor fünf Monaten und einem Tag hineingepasst hast. So lange gibt es nun ein Wir. Und keinen Tag möchte ich mehr verbringen, ohne diese Gewissheit, die mir den Bauch wärmt. Auch ohne französischen Weißwein.

ein Haus voller Bücher

Musik und Liebe

dort: du und ich

die Wörterdiebe

**Braucht man wirklich so viel, um glücklich zu sein?**

Das Haus aus Sandstein steht am Ende der Straße. Im
Garten grasen die drei Schafe. Die fünf Hühner mit ihrem
weich-flauschigen Federkleid picken Körner vom Boden. Die
Hydrangeas wachen reihum am weißlackierten Gartenzaun.
Sie sind noch nicht müde, so wie ich und warm und duftig
vom Sommer, der sich seinem Ende neigt.

Augenblicke zuvor sagte ich Adieu zu der Insel im Meer, die
aus dem Pfefferkorn des Riesen erwachsen ist, vor hunderten
von Jahren und die ein Mönch dem Engel widmete, der ihn
im Traum besucht hatte.
Die Luft ist sanft und salzig.
Morgen werden wir uns an der Pyramide wiedersehen.
[...]
Die Stadt ist groß und hektisch und überflüssig für unser
Glück. Du hältst mich im Arm. Mehr brauche ich nicht.
Wir tanzen zu *Madeleine Peyroux*, zu dem Lied, das unseres
geworden ist, wie so viele andere zuvor.
„Ich gehöre dir. Ich gehörte dir schon vor Jahren. Du hast
die Toleranz verteidigt. Du warst der einzige, der es damals
tat und ich fand dich schön und mutig und traute mich
nicht, dich anzusprechen. Erinnerst du dich?"

So wie jede Begebenheit in unseren Leben einen Sinn hat, so auch die, dass wir zusammenfanden und auseinandergingen, ohne uns je zu vergessen.

Draußen glänzt das heilige Herz golden in der Sonne, die durch die Wolken bricht. Sie ist warm und auch die Sinne sind warm.

Ich merke, dass Tropfen auf meine Schulter fallen.
„Warum weinst du", frage ich dich, fest in meine Arme geschlossen.
„Vor Glück", erwiderst du.

Ich werde dich in den Armen halten.
Ich werde mit dir tanzen, an unserem großen Tag. Und wenn du weinst, dann weinen wir gemeinsam.
Und wenn wir lachen, dann lachen wir gemeinsam.
Ich werde mit dir tanzen, bis meine Beine versagen werden.
Ich schenke dir jeden Tag, an dem ich aufwachen werde.

Und wenn wir nicht mehr aufwachen, dann suche ich dich dort, wo wir hingehen werden, wenn sich unsere Seelen in ihre atomaren Bestandteile zersetzt haben.
So wie wir es immer taten.

zwar sind wir nicht perfekt
aber perfekt füreinander


ein Abend im Herbst –
der Wind birgt klirrende Kälte
doch ich friere nicht
denn du wärmst mein Herz

du bist der Traum

den ich nie wagte zu träumen

zu schön um wahr zu sein

mit Augen wie Regen

trocknest du die Tränen

all meiner vergangenen Tage


dein Mund ist ein Sonnenstrahl

der jeden meiner Tage erhellt

ein Prinz ohne Ross

mit einem Herz aus Gold

für eine Prinzessin

ohne Königreich und Heimat


deine Krone auf deinem Haupt

unsichtbar für so viele Augenpaare –

verspieltes Schicksal

spielte dich mir zu


ich sehe dich und deine adlige Seele

und fühle deine Gedanken

als die meinen und die unseren

wir finden uns in jedem Leben

den jetzigen, den vergessenen

in keinem Lebensalter wird Vergessen sein

auch ohne das Erinnern –

wir finden uns im Immer und Ewigen


was sich einmal gefunden hat

das findet sich immer wieder

# Mars

*nicht ist kein Ort*
*an den ich reisen möchte*

ich wünsche mir

dass das Leben

kein Nochnichtsterben sei


ich mag es füllen

mit Süße und mit Sinn


dass es nicht grundlos sei

dass ich auf diesen Erden bin


ich renne mit dem Wölfen

durch abwegige Wälder

und magisch gewebte Worte

was blühen will
muss erst verwelken


Sommer schlummerte in den Knospen verborgen
und seine Wärme war ein Versprechen
künftiger Rosen

verborgener Schlaf
durch Versprechen vergangener Tage –
ich vermisste dich auch wenn du bei mir warst

Herzwesen und Himmelsfreunde
halfen mir durch den Seelensturm –
Schicksale verwoben im Tausendwald

Herbst naht mit sanften Schritten.

Die Sonne wacht tief am Himmelszelt.

Laub wird flüssiges Gold.

Bäume betten sich zur Ruhe.

Alles wacht, nichts stirbt.

Jeder Abschied ist ein sehnendes Wiedersehen –

jedes Ende ein Anfang.

Stürme tragen mich in jede Ferne –

jenseits von dem Hier und Dort

verbleibe ich und warte

Wir schreiben.

Wir öffnen uns –

tragen uns von innen nach außen.


Wir – die Wirklichkeitswanderer.

Wunderwirker.

Wortweber.

Wahrheitserfüller.


Wandeln in Wogen

in Worten auf Wassern –

Wehmut und Wonne darin.

Nur durch Überwindung der Vergangenheit kann man die Zukunft wertschätzen.

Diejenigen, die nicht darum wissen, wie es ist, mit emotionalem Ballast durchs Leben zu gehen, werden nie die Drangsal der Welt zur Gänze verstehen.
Doch wer nie lernen musste, mit diesen Lasten durchs Leben zu schreiten, wird auch nie gänzlich dessen Schönheit begreifen.

wir müssen es alles leben
das Gute so wie das Schlechte

## Denn etwas Farbe bringt das Glück ins Grau

Kennt ihr sie auch? Diese Tage, wenn der Wecker klingelt
und man einfach keinen Elan hat aufzustehen, weil man das
Gefühl hat, dass sich heute eh nichts ändern wird oder
nichts Gutes passieren kann?
Dieses Gefühl hatte ich heute morgen. Der Traum, den ich
geträumt hatte, floss ohne Übergang in den neuen Tag
hinein und ich weinte mich ins Aufwachen. Der Wecker
klingelte. Ich fühlte mich schlecht und wusste nicht, wo ich
war. Meine Träume waren schon immer sehr plastisch, sehr
real – das kann Fluch und Segen zugleich sein. Heute war es
ein Fluch.

Normalerweise weint man sich in den Schlaf – an
vereinzelten Tagen aber, da weint man sich wach.
Vor Jahren, die ich an weniger als zwei Händen abzählen
kann, hätte ich es mir in diesem Gefühl sehr heimisch
gemacht. Hätte mich darin gesuhlt. Die Melancholie war mir
jahrelang mein liebster Freund. Aber dem ist nicht mehr so.
Das Leben ist strahlend. Bunt. Auch wenn es Tage gibt, die
einem trist und grau erscheinen. Aber auch sie werden
vergehen.

Glück ist etwas, wofür man sich aktiv entscheiden muss. Manchmal muss man gar dafür kämpfen. Aber irgendwann wird man reich beschenkt. Dann gewinnt man etwas, das mehr wiegt als alle Einsamkeit, Schuld und Traurigkeit: das pure Leben.

Ich entschied mich vor einiger Zeit bewusst dagegen, mich dem Grau in mir zu ergeben. Und ich schwor mir, dass ich auch an den Tagen, die mir grau erscheinen, das Bett zu verlassen und mich in den Tag zu werfen, so wie ich mich ins Leben werfen wollte. Es ist das einzige, das wir wirklich unser Eigen nennen können. Und wenn das Grau einem zu grau erscheint, dann sollte man Farbe bekennen. Innerlich, und äußerlich.

Und deshalb trage ich Rot, denn etwas Farbe bringt das Glück ins Grau.

Wenn du einen schlechten Tag hast, dann kleide dich, als würde es dein bester werden.

Zeit nimmt man sich, sonst hat man sie nicht.

Die Falschen kommen, um zu gehen.
Die Richtigen kommen, um zu bleiben.

ich habe nie gelernt zu hassen
und für dich werde ich das nicht ändern

Mädchen, halte nicht fest an Beziehungen, die bereits
gescheitert sind.
Aufgewärmt schmeckt nur Pizza.

**Paris – was du mir bist**

Der Aufbruch und die Ankunft. Nähe und Ferne.

Überwältigende, hypnotisierende Schönheit.

Entzücken und Erstaunen.

Abscheu und Angst. Schmerz. Ermattung.

Liebe und Verlangen.

Fremdheit und Lieblichkeit.

Zigaretten. Musik.

Das Rot und das Schwarz.

Die Vollständigkeit.

Kultur ist eine Kategorisierung. Sie ordnet die Welt, aber nimmt ihr auch ihre Freiheit.

Aufwachen: das würd' ich mir wünschen
für die Welt – damit sie sich weiterdreht.

## Auch die Hoffnung ängstigt sich

Hoffnung glaubt daran, dass alles gut werden kann, doch
immer mit einem Hauch von Angst.
Hoffnung ist nicht Wissen, ist nicht Gewissheit.
Man darf nicht nur hoffen – man muss auch tun.
Man muss handeln, damit sich die Hoffnung in Gewissheit
transformiert, welche die Angst in ihr besiegt.

Am Bahnhof,
da sterben Träume und werden
Hoffnungen geboren.
„Lauf mit! Lauf mit!"
So ruft das Gück,
doch mancher holt es nie ein.

Ich werde laufen,
so weit mich meine Füße tragen.

**Es braucht ein ganzes Leben, um jung zu werden**

Alter ist ein rein numerisches Konzept. Über Weisheit, die
Beschaffenheit der Seele und Lebenserfahrung sagt es rein
gar nichts aus. Die äußerlich Jungen können sich wie die
Alten fühlen und die Alten können mit kindlich leichtem
und unbeschwertem Schritt durchs Leben ziehen.

Die Narben der Zeit sind nicht immer äußerlich erkennbar.
Manchmal siehst du ein augenscheinlich junges Mädchen,
welches das Leben konzentriert zu sich genommen hat und,
für dich nicht erkennbar, im Zeitraffer gealtert ist.

Einiges im Leben kann schief gehen.
Die Welt besitzt viele Möglichkeiten, dich leiden zu lassen.
Leben ist nichts für Feiglinge, so wie auch das Altern. Daher
bedarf es viel Kraft, die Schranken zum Einstürzen zu
bringen, den Weg zurück zur Oberfläche zu finden und die
Hoffnungslosigkeit weit hinter sich zu lassen.

Das Leben annehmen und wertschätzen zu können, sein
Konzept verstehen, mag sich zur lebenslangen Aufgabe
gestalten. Es mag lange dauern, aber es ist möglich. Für jeden
einzelnen. Ganz egal, was man auch durchmachen musste.

## Meine beste Zeit

Meine Mutter sprach immer davon, dass jeder von uns eine „Blütezeit" hat, in der die wahre Schönheit zu Tage tritt – von innen und außen.

Ich hatte sie damals nicht.

Wenn ich Bilder von damals betrachte, dann denke ich: „Schatz, das warst nicht du. Das warst du, auf dem Weg zu dir, aber noch Lichtjahre entfernt."

Mittlerweile bin ich mehr bei mir als ich es damals je hätte sein können.

In kleinen Schritten verändert man die Welt zum Großen hin.

Warum fangen wir nicht damit an, ehrlich auf die Frage zu antworten, wie es uns geht?

Warum fangen wir nicht damit an, unsere Standards aufzugeben und der Wahrheit unseres Menschseins Raum zu schaffen?

Unsere Fähigkeit zu fühlen ist das Menschliche an uns.

Ohne sie wären wir kaum mehr als Maschinen.

## Aufgeben ist keine Option

Dass man Freude am Leben hat, liegt viel bei einem selbst.
Man darf sich niemals zum Opfer stilisieren lassen. Die
Fäden hat man auch dann noch in der Hand, wenn es einem
am schlimmsten geht. Das zu begreifen kann allerdings sehr
schwierig sein und es bedarf gelegentlich einer
außenstehenden Person, die einem genau das klar macht.
Es gibt immer einen Ausweg und ... Aufgeben ist keine
Option. Aufgeben darf niemals eine Option sein.
Aufgeben ist kein Ausweg und keine Ausrede.

Erfolg ist zu 1% aus Glück und zu 99% aus Schweiß
geformt.

## Manchmal findet man sich selbst in der augenscheinlichen Fremde

Marcel Proust hat in seinen Büchern beschrieben, wie Düfte und Gerüche Menschen an andere Situationen, andere Zeiten, andere Menschen zurückerinnern lassen.
Sie erzeugen ein Gefühl von Heimat und Ankunft in der augenscheinlichen Fremde und Ferne.

Man ist erst alt, wenn man nichts Neues mehr wagt.

Lies so viel wie du kannst –
Wissen ist das wichtigste Gepäck
um durchs Leben zu gehen
und es wiegt nichts.

Bücher sind Geschenke. Nahrhaft für den Geist, den Sinn,
den Kopf und das Herz.

**Wie begegnest du den Steinen, die das Leben dir in den Weg wirft?**

Das Ende einer Ära markiert immer den Beginn einer neuen. Sehe Herausforderungen als Chance an. Zum Wachsen. Zum Aufbau. Zum Leben. Zum Besseren hin. Zum Erschaffen von dem Größeren, das du dir im Vorhinein nie hättest erträumen können.

Es gibt keine schlechten Erlebnisse. Es gibt nur Erfahrungen. Und Möglichkeiten, zu lernen.

Gehe Risiken ein. Weg mit den Zweifeln. Du bist jung und hast dein ganzes Leben noch vor dir, auch wenn du dir, vorzugsweise von dir selbst, gerne etwas anderes einreden lässt. Die Lenze die du bereits zählst sind nichts im Vergleich dazu, wie du wirkst oder wie du dich fühlst. Du bist jung. Du darfst Fehler machen: also sei mutig und mache Fehler! Schmeiß deine Zweifel über Bord und ergreife die Chancen, die wie Satelliten um deinen Kopf kreisen, auch wenn du dir einreden willst, dass es nicht so ist.

Seit Jahren räume ich meinen persönlichen Stein beiseite. Teile davon. Mal größere, mal kleinere.

Je mehr ich beiseite räume, desto freier kann ich atmen.

Um die Steine beiseite zu räumen, begebe ich mich bewusst in Situationen, die mir fremd und neu sind.

Oft auch in Situationen, die mir Angst machen.

Ende Mai entschied ich mich zu einem Schritt, der mein Leben verändern sollte. Mir wurde klar, dass der Stein in mir noch immer zu viel Macht über mich hat und das konnte und wollte ich nicht mehr akzeptieren.

Es war ein Momentum.


Tief in meinem Innern wusste ich, dass ich es bereuen würde, meine Chance nicht zu ergreifen. Hätte ich allerdings nicht Menschen um mich gehabt, die mich in diesem Denken bekräftigt und bestärkt hätten, dann wäre ich niemals diesem Gedanken in mir gefolgt. Dann hätte ich mich nicht zum Risiko entschieden. Und so tat ich es ... und fand mich.


Es ist amüsant, dass es manchmal Außenstehende braucht die einem dabei helfen wieder man selbst sein zu können.

Sei jemand, den du selbst gerne kennenlernen würdest.

Konservativ, doch liberal.
Bedacht, doch mutig.

in die Ferne zieht es mich
fernab vom Altbekannten
alles neu, das brauche ich
und neu mein Glück verwalten

## Manchmal muss man etwas Altes verbrennen, um etwas Neues erschaffen zu können

Es ist heilsam, das Alte loszulassen. Wie das aussieht, das entscheidet jeder für sich selbst. Die meisten Menschen entscheiden sich allerdings, Jahr für Jahr, für den lauten Knall und einen Bombast an Böllern und Pyrotechnik.
Ich habe mich für einen anderen Weg entschieden. Leise sollte es sein. Achtsam. Reflektiert. Mit Hinblick auf alles, was ich zurücklassen wollte. Mit all dem, was nicht Einzug ins neue Jahr nehmen sollte.
Warm sollte es sein.
In den Schattierungen von Rot, Orange & Gelb.

Alle negativen Gedanken, die das Herz belasten und die Seele nicht zur Ruhe kommen ließen, habe ich verbrannt.

Rituale jeglicher Art haben eine starke, oftmals auch befreiende Energie. Sie können einen ganzheitlichen und ungemein positiven Einfluss auf unser Befinden haben.
Als ich all die negativen oder traurigen Gedanken und Erinnerungen, die noch immer Macht über mich hatten, in Worten niederschrieb, visualisierte und schließlich dem Feuer übergab, habe ich dieses Gefühl von befreiender

Energie selbst erlebt ...

Auch war es ein symbolischer Akt, den Weg des Feuers als Quelle der Reinigung zu wählen - war es doch eines der Elemente, vor denen ich mich seit früher Kindheit am meisten gefürchtet hatte (... da ich als kleines Kind ins Lagerfeuer gefallen war).

Meine Ängste und meine Wut auf diese Art aus meinem Leben zu verbannen, hat etwas Katharisches an sich, denn damit konnte ich über diese Urangst reflektieren und auch sie nun zur Gänze hinter mir lassen.

Denn:

Reflexion verhindert Schmerz.

Sich bewusst zu machen, was man nie ertragen konnte, lässt erkennen, was man nicht länger tragen will.

Das, was schwierig war und das, was schwierig ist, wird vergehen. Es werden andere Dinge aufkommen, die schwierig sind. Doch davor lohnt es sich nicht, Angst zu haben.

Das Leben hat seine Höhen und Tiefen. Das liegt in der Natur der Dinge.

Das Überwinden von Schwierigkeiten macht uns stark. Es macht uns stark für neue Schwierigkeiten, die uns wiederum die Chance geben, uns stärker zu machen.

Es gibt uns die Möglichkeit, immer bessere Versionen unserer Selbst zu werden.

Es gibt uns die Möglichkeit, in der Überwindung die Kraft zu erleben, die uns innewohnt.

Es gibt uns die Möglichkeit, in der Zeit der Dunkelheit unsere Stärke und unseren Stolz zu fühlen.


Man muss dazu bereit sein, all das zu leben und mit Leben zu füllen.

Weil es sich lohnt.

Wir haben nur dieses eine Mal Weltzeit (die uns als Person, die wir jetzt sind, bewusst ist) und das macht sie so unendlich kostbar.

Es gibt nur Jetzt, nicht Später.

Das Leben will gelebt sein – es gibt nur dieses eine.

Deswegen dürfen wir nicht aufschieben, genau dies zu tun: zu leben.




Es gibt immer Raum für Veränderung.

**Verändere dein Denken und du veränderst dein Leben**

Es ist uns nicht beschieden, dass das, was wir uns wirklich wünschen, vom Himmel fällt. Das Glück ist kein Sterntaler, der uns in den Schoß fällt, wenn wir einfach stupide nach oben blicken und darauf warten, dass sich etwas tut. Nein. Wir müssen unser eigenes Glücksempfinden und -Finden selbst und aktiv mitgestalten.

Auch in der Unabhängigkeitserklärung der Vereinigten Staaten von Amerika ist das Konzept der Glückssuche realisiert – das Streben nach Glück gehört hierbei ebenso zu den Grundrechten eines Menschen, wie das Leben selbst und die Freiheit. Man darf nicht passiv erwarten. Man muss es aktiv *bestreben.*

Jeder Mensch ist in der Lage, sein eigenes Leben zum besseren zu wandeln, wenn er denn dazu bereit ist.
Aber dafür benötigt es Mut.

Mut ist der Schlüssel, um jede Tür zu öffnen.

Du musst nicht ans andere Ende der Welt reisen, um dich selbst zu finden.

Man lebt doch nur ein einziges Mal – warum dann als Projektion der Vorstellungen anderer?

Die Welt zu bereisen lässt dich
die Welt begreifen
doch musst du nicht die Welt bereisen
um dich selbst zu begreifen

Die einzige Anerkennung die von Wert ist, ist die, die du dir selbst zu Teil werden lässt.

Die einzige Person, der du Rechenschaft ablegen musst über dein Tun und dein Werden bist du selbst.

ich würde nicht das sein wollen
was ich nicht sage
keine Geschichten die mich anders sprechen
als ich bin


Wenn ich mal nicht denke
kann ich dennoch denken
kann ich ein Gedanke sein.
Wenn ich mal nicht bei mir bin
bin ich dennoch hier.

Ohne Seele bin ich Körper –
ohne Körper seelenvoll.

Ich bin nie ganz fort
und immer einzig das,
das immer bleibt.

Nichts ist unmöglich – außer die Dinge, die wir nicht tun.

wir sind die Transformierten

wir sind die Aufgewachten

wir legen eure Wahnbilder der betonierten Welt

in Schutt und Asche

wir bauen die neue, lebende Welt

fernab von Tod und Zorn und Untergang

# Jupiter

*ich skizziere mein Leben*
*als mein Einziges, mein Ganzes*
*als die einzig wahre Liebe*
*die einzig wahre Magie*

Wenn du ein Gemälde wärest, wie sähe es aus?

Wenn es eine Seele gibt, wo würde sie sich befinden?

Was lässt dich fühlen, dass du am Leben bist?
Was macht dich lebendig?

Mädchen, wenn du nur wüsstest

welch wundersame Wendungen

das Schicksal für dich bereit hält

Allgegenwart

irrationale Poetik

kreisrunde Perfektion

darin die Welt, die Ganze

darin der Kosmos, die Gänze

Deine Freiheit beginnt dort
wo du aufhörst das zu tun,
was die Anderen von dir erwarten.

In den Tiefen meiner Seelen
ward Erneuerung geboren
hin zum Glück, zum Herzensbeben
seien sie nun auserkoren

Freundschaft – das ist selbst gewählte Familie.

Liebeskind, Seelenwesen, Wortweberin, Herzensschwester –

du klingst mit dem Maivogellied in dir
du trägst jeden Sommersonnenstrahl in deinem Herzen
du tanzt mit dem Herbstfarbenspiel der Baumwipfel
nur du erträgst gar die Winterkristalle
wenn mein Herz zu erfrieren droht
und hältst mich warm

und wenn du mal nicht stark sein kannst
dann lass mich deine Stärke sein

Nebelwesen sollen nicht mehr auf deinen Pfaden wandeln

nur Goldglanz soll in deinen Seelenräumen wohnen

Dunkelheit soll aus deinen Tiefen schwinden

Erkenntnis um deine Herrlichkeit soll in dir lebendig sein

schönstes Wesen, wage nicht

an deinem goldenen Geist zu zweifeln

in all deiner Beseeltheit

bist du bereits vollkommen

wohin gehen die Bienen

wenn sie sich zum Schlafe betten

den Frühling tragend
wanderst du durch gänzlich neue Welten –
ein nie geträumter Traum erwacht


Pfingstrosenwangen in erster, süßer Blüte
und Rosenlippen, gewandet in Rot
samtig-süß sinnend
wie das Herz in deiner Brust


die Welt ist noch nicht erwacht –
milliardenfache Sternenblüte
unsichtbar für die träumende Welt
ein erster Vogel singt sein zaghaftes Lied
für die Schlaflose

**Das Tragische im Leben ist niemals wirklich tragisch**

Manchmal führt der Weg zu dir durch das Herz einer anderen Person. Und wenn die Zeit gekommen ist, dann muss man sie gehen lassen, denn manche Menschen sind dein Präteritum.

Schwelge nicht in der Vergangenheit. Es hat immer einen Grund, weshalb die Dinge geschehen, wie sie geschehen. Und wenn etwas Altes geht, dann entsteht etwas Neues.

Das Jetzt ist das einzige, das zählt. Es ist das einzige, das wirklich existiert.
Die Vergangenheit darf kein Teil dessen sein. Sie gehört zu uns, wie alles, was wir erlebt und erfahren haben, aber sie darf nicht unser Jetzt bestimmen.

Denn das einzige, das man formen kann ist nur das, was jetzt ist. Und damit ist dieses Jetzt das kostbarste Gut, das wir besitzen.
Und dieses Jetzt muss genutzt und wertgeschätzt werden.

Und ich fülle mein Jetzt mit Träumen von Märchenschlössern und Spaziergängen in der immer wärmer werdenden Sonne, von Blicken hinauf in die üppig rosafarbige Pracht von Frühlings- und Sommerblüten, von neuer Poesie und neuen Liedern, von Melodien in meinem Herzen und verwandten Seelen, von neuer bunter Farbe auf meiner Haut und Flügen ins Unbekannte und ins Fremde und doch Vertraute und der immer neuen und immer ihren Zauber bewahrenden Fülle des Lebens.

Denn das Tragische im Leben ist niemals wirklich tragisch. Es gibt uns die Chance, mehr zu sein, als wir vorher waren.

Ich glaube, dass ... wenn man den Schlüssel zum Glück verloren hat, man umso glücklicher ist, wenn man ihn unverhofft wiederfindet.

Glück ist eine Frage der inneren Einstellung.

finde jemanden, der dein Licht umarmt

und deine Finsternis nicht fürchtet

ein stures Herz wird immer einen Weg finden

all die Sterne vom Himmel zu pflücken

von denen es träumt

## Weil es real war, wird es immer real bleiben

Alle Menschen, die wir je geliebt haben, bleiben. Sie sind unsere Geister. Sie machen uns (auch) zu dem, was wir jetzt sind.
Alle bleiben.
Und das ist gut.

Wenn du das Richtige gefunden hast, dann wird dich der alte Geist ziehen lassen - er wird dich nicht heimsuchen.
Das ist das Wunder: dass eben doch alles möglich ist.

Ich habe verschiedene Menschen geliebt. Vielleicht fühle ich mich deswegen so zerstreut.
Es vergeht nicht – es vergeht niemals.
Weil es real war, wird es immer real bleiben.
Aber das heißt nicht, dass es dich heimsuchen muss.
Du denkst vielleicht, dass der alte Geist das große Ganze war, aber vielleicht war er auch nur die Vorbereitung auf das wahre, große Ganze.

Möglich ist alles, denn das Universum ist groß und weit wie das Herz.

Lass die Welt hinein, denn das Schicksal meint es gut mit uns.

Wer weiß, welche Welten sich dann offenbaren werden.

Glaub an Wunder und sie geschehen.

Der Virtuose ist nicht immer der, der sein Metier perfekt beherrscht, sondern der, der es lebt.

In der Musik war ich immer anders
als ich es lange in meinem Innern war –
frei fühlend und laut lebend.
Sie war meine versteckte Wahrheit.

Musik ist Gefühl, das man nicht ausdrücken kann.

Ich sehe Musik.

Ich fühle sie in jeder Faser meines Körpers, meiner Seele.

Eine Harmonie, die mich berührt, kann Sturzfluten in mir auslösen und mich in meinen Grundfesten erschüttern, mich erinnern lassen an Gutes und Schlechtes, an die Hoffnung und an das Verzagen.

Macht mich dunkel und macht mich licht.

Ich hörte *Broken Parable* von *Bears Den* und dachte an dich und war zum dutzendsten Male erstaunt darüber, wie gut Liedtexte die Emotion, die man in diesem Moment spürt, in Worte kleiden können. Ich dachte an den Soundtrack des Indie Games *To the Moon* und das Lied *Everything's Alright* von *Laura Shirigaya*, welches in einer Sequenz so gut das Sentiment spiegelte, das ich fühlte, als die Mauer kurz zwischen uns war. Am Dienstag – erinnerst du dich?

Und ich dachte daran, wie sehr mich der Soundtrack eines Films fesseln konnte, so dass ich den Drang verspürte, mir wieder und wieder die Credits anzusehen und anzuhören, um es in mich einspeisen zu können – all die Emotion.

Um all das zu konservieren, was da in mir aufflammte.

Um sie mir bewusst zu machen und sie nie wieder loszulassen: die Symbiose aus dem Visuellen und dem Harmonischen.

All das, was ich auch in meinem Leben will.

Musik – ich verstehe meine Träume in dir.

Erkenne dich, kenne mich.

Musik – ich sehe dich, begreife dich.

Ich sehe dich mit Farben in mir tanzen,

wenn Melodien ihre Bahnen ziehen.

Ich spüre dich in allen meinen Fasern, Poren.

Musik – nur du durchdringst mich ganz.

Führst mich zu neuen Ufern,

zu neuen Formen meiner Seele –

lässt mich klingen und mein Herz.

war die Musik zwar meine erste Liebe

so wird sie doch nicht meine letzte sein

## Man muss das Leben tanzen

Tanzen ist meine Passion. Tanzen – das heißt träumen mit den Beinen. Es ist die Poesie des Körpers. Was ich in Worten nicht ausdrücken kann, das drücke ich mit meinem Körper aus. Ich bewege mich zur Musik, lasse sie durch meine Glieder fließen. Forme die Noten in mir. Mache sie sichtbar. Ich werde eins mit der Musik und werde selbst zum Instrument. Werde zur Musik. Bin Musik. Ich bin ganz da im Moment, lebe, atme, wirbele im Kreis, fließe in sanften Bewegungen mit den Harmonien, fliege durch die Lüfte, bin ganz in mir und ganz bei mir. Ich bin frei.

Wer tanzt, schenkt seiner Seele Flügel.

## Von der Unabänderlichkeit des Schicksals

Vor vielen Jahren kam ein Jemand, den ich von Herzen liebte, auf tragische Weise ums Leben. Ich dachte an diesen Moment zurück und dachte an all die geliebten Menschen, die noch immer in meinem Leben verweilten.

Und ich spürte eine Ahnung von Angst in mir. Angst, sie eines Tages verlieren zu können, weil wir irgendwann jeden Menschen verlieren, den wir je geliebt haben – auf welche Weise auch immer.

Und ich dachte daran, dass nichts auf dieser Welt dazu bestimmt ist, von Dauer zu sein und dass nichts für immer ist.

Doch dann realisierte ich, dass ... es auch nicht bleiben muss. Denn es ist *jetzt* da. Und es ist *jetzt* gefühlt.

Sich auseinanderleben, sich trennen und die Konsequenz unseres unvermeidlichen, sicheren Todes: das sind Dinge, die zum Leben dazugehören. Denn ohne den Tod existiert kein Leben.

Ohne die Möglichkeit des Verlustes hat das, was wir jetzt haben, keinen Wert.

Es ist der Unabänderlichkeit unseres Schicksals geschuldet, eines Tages zu Staub zu zerfallen. Und es ist und wird für immer eine schmerzvolle und grausame Erfahrung sein, einen Jemand zu verlieren, den man von ganzem Herzen geliebt hat.

Doch eben das macht das Leben besonders.

Das macht es bedeutsam.

Das macht es so unbeschreiblich kostbar.

Das ist der Grund dafür, dass du jeden Tag leben solltest, als wäre es dein letzter. Dass du deine Gefühle nicht vor denen verstecken solltest, denen du dein Herz geschenkt hast. Dass du ihnen sagen solltest, was du fühlst. Immer.

Dass du auf dein Herz hören und niemals damit aufhören solltest.

Dass du dein Alles geben solltest und nie aufhören solltest zu lieben und zu lieben und zu lieben und zu lieben.

das Leben gehört nicht uns –

wir gehören dem Leben


gehören ihm, seit ewig

bleiben etwas von ihm – für ewig


Das Leben ist die Kindheit und der Tod der Beginn unserer

Unsterblichkeit.

## Omnipräsenz

Ich spüre Gott in allem, aber vor allem in der Natur. Damit
der Mensch aber einen Ort hat, an welchem er Gott immer
begegnen kann, wurden die Kirchenhäuser geschaffen.
Angefangen hat es mit Salomos Tempel, um der Bundeslade
einen Ort der Ruhe zu geben, so wie auch dem Volke Israels.

Ich liebe Kirchen – diese Orte der Begegnung, der
Gleichgesinnung, der Gemeinschaft. Aber dennoch strahlt
Gott vor allem in der Natur und ihrer mannigfaltigen
Schönheit am meisten.
Er ist überall.

Gott ist Liebe. Und in der Liebe zum Anderen offenbart sich
Gott auf die schönste Art und Weise – sie ist gleich der
Schönheit einer Blume oder einer wogenden Weide.

Der christliche Glaube ist sanftmütig. Er ist freundlich.
Er ist voller Hoffnung und Liebe und Toleranz für all
diejenigen, die hier auf Erden wandeln.
Das ist, was ich glaube und das ist, was ich erfahren habe.

ich möchte immermehr Himmel wagen

was er mir ist – all das will ich sagen

in diesem Glaube nimmer verzagen

und mein Gebet empor zu ihm tragen


Ich mag den Himmel und die Erde seh'n.

Irdisch und göttlich – alles ist schön.

Profan, mundan, sakral

ist alles, was mein Herze stahl.

Leben ist die ewige Reise auf der Suche nach Schönheit.

wild romantisch wandelst du auf

neuer Erde, neuer Welt

und gebärst den Lenz im Herzen

welches ihn nach oben hält

sei eine Wildblume

unter Schnittblumen

die untergehende Sonne

ein Kaffee und Blumenküsse –

oh wie süß die kleinen Freuden sind

wildblumenbewachsen wandelt sie

über honigsüße Erde

Wolken geben dem Himmel Charakter.

„Wohin verschwinden unsere Träume,
wenn wir aufwachen?"

-

„Auf Papier,
wenn es beim Aufwachen neben dir liegt.
Oder sie leben weiter,
in unseren Gedanken."

Es ist gut, Träume zu haben, da sie uns daran erinnern, was
alles möglich ist.

jeder Traum wird zum Wunsch

wenn man ihn nennt

und jeder Wunsch hat die Chance

in Erfüllung zu gehen

Auch Träume sind Realitäten.

ein Wort – ein Glanz, ein Flug, ein Feuer

ein Reigen – ewig auf Papier gebracht

eine Welt – erschaffen aus Nichts und Allem

entstanden in schöpferischer Pracht

Aus Schmerz geboren ward das Wort
zum Glück, zum Blick, zum Leben hin
das Wahrheit schenkt, das Neues formt:
dass ich nun ganz die Meine bin.

Die Unmöglichkeit wird möglich, wenn wir sie schreiben.

sinneswandelnd überquert sie die Meere
ihre Federkinder tragen neue Gewänder
sie schweben in die neuen Himmel –
ein Kaleidoskop der Möglichkeiten

eine ganze, neue Welt

las sie im Abendrot

in der Herbstsonne brennt noch immer der Sommer

doch sprechen die Schatten bereits die Sprache des Winters

und in mir ist die Erinnerung an ein Paris

in dem meine Träume lebendig wurden

die rote Stadt ist sichtbare Hitze

mit geschlossenen Augen

erahnt man ihr Spektrum noch immer

Wenn es sich richtig anfühlt, kann es nicht falsch sein.

Die Heimat ist da

wo das Herz sein Zuhause hat.

Ich mag Fotografie, da sie den Moment konserviert.

Was man von hier aus sehen kann ist mehr, als wir uns
jemals erträumen konnten.

## Den Moment umarmen – das Leben spüren

Habt ihr jemals das Gefühl verspürt, dass ihr vollkommen in diesem Moment seid, jetzt, lebend, atmend, einfach vollkommen da?

*Ich sitze auf dem Höcker des Dromedars, fühle den warmen Wind, der mich umfließt wie ein nie endender Strom. Es hat 48 Grad. Ich fühle die Hitze auf meiner Haut, erblicke die endlose Landschaft aus Sand, aus Weite und aus Schwerelosigkeit und merke, dass ich vollkommen im Moment bin. Vollkommen da. Jetzt. Lebend. Ich bin da, ich bin lebendig. Es ist ein unfassbares Gefühl, ein unvorstellbar weites Gefühl von Freiheit und Liebe zu mir und der Welt und ich merke, dass einfach alles möglich ist. Ich sehe die Retrospektive meines gesamten Empfindens, meiner gesamten Lebensodyssee, meiner Depressionen, meiner Leiden und meiner Lieben, bis ich in diesem vollkommenen, wunderbaren Moment angelangen konnte und fühle mich einfach nur frei. Frei und grenzenlos.*

Dass ich da bin, im Jetzt, in diesem gegenwärtigen Augenblick – dieses Gefühl verspürte ich zum ersten Mal mit 15, nachdem ich *Das Kartengeheimnis* von *Jostein Gaarder* gelesen habe. Dort erzählt ein Junge, der mit seinem Vater auf Weltreise ist, von eben diesem Gefühl.

Er liegt im Hochbett, über ihm schnarcht sein Vater, es ist Nacht und er kann nicht schlafen, weil er bemerkt, dass er wirklich da ist, so vollkommen da, so vollkommen in diesem Moment, lebend und atmend und staunend über dem Wunder, das er ist.

Es ist ein überwältigendes Gefühl.

Aber mit 15 war ich nicht vollkommen frei. Ich empfand mich als lebend, aber wie in einem Käfig sitzend, ohne die Möglichkeit, aus diesem Käfig zu entfliehen. Dem Käfig meiner eigenen Empfindungen. Dem Käfig meiner Depressionen.

Es war eine Odyssee von vielen Jahren, bis ins Erwachsenenalter, durch Leid und Qual hindurch und selbst verschuldete sowie äußerliche Enttäuschungen, bis ich wirklich von mir sagen konnte, dass ich das Leben umarme. Dass ich frei bin. Dass ich komplett da sein kann. Dass ich dieses Leben liebe.

Dass ich es geschafft habe, dass die Odyssee hin zu mir selbst nun abgeschlossen ist, das habe ich zum ersten Mal so ganz bewusst wahrgenommen, als ich auf einem Dromedar in der marokkanischen Wüste in der Sahara ritt. Mit dem Wind um mich. Mit mir in mir.

Und auch deswegen werde ich diese Reise und dieses Land niemals vergessen. Und auch deswegen ist meine Liebe zu diesem Land so unendlich groß. Und auch deswegen werde ich immer und immer und immer wieder zurückkehren.

Denn dort habe ich erfahren, dass ich frei bin.

Dass ich es geschafft habe.

Dass einfach alles möglich ist.


Viele leben einfach so vor sich hin. Leben jeden Tag als ein und denselben und wundern sich, wenn sie am Ende ihres Lebens nicht von sich sagen können, dass sie je wirklich gelebt haben. Denn sie haben sich nie gänzlich gegenwärtig gefühlt. Doch ohne die vollkommene Gegenwärtigkeit und ohne dieses Gefühl des vollkommenen Daseins im Selbst, im Jetzt, erkennt man sich nicht und erkennt auch nicht, was für ein kostbares Geschenk dieses Leben ist.

Denn genau das ist es:

ein Geschenk.

Sie sagte immer, dass sich in meinen Augen
der Glanz und die Tiefe des Meeres spiegeln.
Wieso sollte ich mich darüber wundern,
dass ich mich dort am meisten bei mir fühlen kann?

Die Menschen hier sind anders.
Sie gehen anders. Reden anders.
Sind bedachter.
In ihren Schrittfolgen, ihrer Mimik, ihrer Gestik, ihren
Worten.
Das Leben, die Menschen, die Stimmung ... alles ist
entschleunigt.

Nur nicht die See – sie ist stürmisch, aufbrausend, tosend
wie schon immer.
So wie ich, in meinem tiefsten Innern.

Wir sind der lebende Widerspruch, der Aufruhr, in einem
Meer aus Wahrheit.

## Ich bin stolz auf dich

Fünf Worte. So einfach. Doch sagen wir sie viel zu selten.
Zu uns. Zu anderen.
Ich bin stolz auf dich. Auf mich. Auf uns. Auf alles, was wir
sind. Auf uns, als die Menschen, die wir sind.
Auf alles, was wir bereits zusammen gefühlt, erfahren,
geschafft haben.

Auf was seid ihr stolz?
Und auf wen?

„Mama, wie schreibt man Heimat?"

-

„Mit dem Herzen, mein Kind."

wir haben so viele Sonnen in uns
die leuchten wollen




sei kühn und jung
und wagemutig, wissbegierig
und liebe, liebe, liebe
und bereue nicht einen Tag

Das Präsens,
die Präsenz:
ein Präsent.